Chroniken der Rivalität:

Das Ferrari vs. Ford Le Mans Tagebuch

bis

Etienne Psaila

Chroniken der Rivalität: Das Ferrari vs. Ford Le Mans Tagebuch

Copyright © 2024 von Etienne Psaila. Alle Rechte vorbehalten.

Erstausgabe: **April 2024**

Diese Ausgabe: **Juli 2024**

Kein Teil dieser Veröffentlichung darf ohne vorherige schriftliche Genehmigung des Herausgebers in irgendeiner Form oder mit irgendwelchen Mitteln, einschließlich Fotokopieren, Aufzeichnen oder anderen elektronischen oder mechanischen Methoden, vervielfältigt, verteilt oder übertragen werden, es sei denn, es handelt sich um kurze Zitate, die in kritischen Rezensionen enthalten sind, und bestimmte andere nicht-kommerzielle Nutzungen, die nach dem Urheberrecht zulässig sind.

Dieses Buch ist Teil einer Reihe und jeder Band der Reihe wurde unter Berücksichtigung der besprochenen Automobil- und Motorradmarken erstellt, wobei Markennamen und verwandte Materialien nach den Prinzipien der fairen Nutzung für Bildungszwecke verwendet werden. Ziel ist es, zu feiern und zu informieren und den Lesern eine tiefere Wertschätzung für die technischen Wunderwerke und die historische Bedeutung dieser ikonischen Marken zu vermitteln.

Webseite: **www.etiennepsaila.com**
Kontakt: **etipsaila@gmail.com**

Vorwort

In den Annalen der Motorsportgeschichte gab es nur wenige Rivalitäten, die die Fantasie und Leidenschaft der Fans so beflügelt haben wie der legendäre Kampf zwischen Ferrari und Ford bei den 24 Stunden von Le Mans. Jahrzehntelang prallten diese beiden Titanen der Automobiltechnik und des Rennsports auf dem heiligen Asphalt des Circuit de la Sarthe aufeinander, und ihr Duell ging über den reinen Wettbewerb hinaus und wurde zum Stoff für Legenden.

In diesem akribisch gestalteten Tagebuch begeben wir uns auf eine Zeitreise und erleben die Höhen und Tiefen, Triumphe und Schwierigkeiten der legendären Rivalität zwischen Ferrari und Ford in Le Mans. Durch die Augen eines treuen Ferrari-Fans werden wir Zeuge des Dramas, der Spannung und des schieren Hochgefühls einer der größten Rivalitäten in der Geschichte des Motorsports.

Von den Anfängen des Rennsports, die von Ferraris Dominanz auf der Rennstrecke geprägt waren, bis hin zu den seismischen Veränderungen, die durch den mutigen Einstieg von Ford mit den GT40 ausgelöst wurden, lässt uns jedes Kapitel dieses Tagebuchs in die herzzerreißende Action und die unerbittliche Jagd nach dem Sieg eintauchen, die diese epische Rivalität ausmachten. Durch Siege und Niederlagen, Triumphe und Rückschläge verstehen wir das bleibende Vermächtnis von Ferrari in Le Mans – ein Vermächtnis, das auf Leidenschaft, Innovation und einem unerschütterlichen Engagement für Exzellenz basiert.

Aber dieses Tagebuch ist mehr als nur eine Nachzählung von Rennen und Ergebnissen; Es ist ein Zeugnis für den menschlichen Geist, für die Widerstandsfähigkeit und Entschlossenheit, die uns antreiben, die Grenzen des Möglichen zu erweitern. Es ist eine Feier der unnachgiebigen Leidenschaft, die die Träume von Millionen von Ferrari-Fans auf der ganzen Welt befeuert und uns in der gemeinsamen Liebe zu Geschwindigkeit, Schönheit und dem Streben nach Größe vereint.

Wenn wir die Seiten dieses Tagebuchs umblättern, wollen wir nicht nur Zeugen der Geschichte werden, sondern in sie eintauchen, um das Dröhnen der Motoren, den Nervenkitzel der Verfolgungsjagd und den Triumph des Sieges zu spüren. Denn in der Saga von Ferrari gegen Ford in Le Mans finden wir nicht nur eine Rivalität, sondern eine zeitlose Geschichte über menschlichen

Ehrgeiz, Ausdauer und das beharrliche Streben nach Ruhm.

Also, lieber Leser, schnallen Sie sich an und bereiten Sie sich auf eine Reise durch das Herz der Motorsportgeschichte vor, wo Legenden geboren und Helden gemacht werden. Die Bühne ist bereitet, die Motoren heulen auf, das Rennen beginnt. Willkommen in der Welt von Ferrari vs. Ford in Le Mans.

Kapitel 1: 12. März 1963

Ich stehe im Schatten des Hauptquartiers der Scuderia Ferrari, die frische Luft von Maranello beißt mir an die Wangen. Heute fühlt es sich anders an; Es gibt ein Summen, einen elektrischen Strom in der Luft, den man nicht ignorieren kann. Seit Wochen kursieren Gerüchte über ein Treffen mit den Amerikanern, einen möglichen Deal mit Ford, der für Ferrari alles verändern könnte. Der Gedanke begeistert mich zugleich, und beunruhigt mich zugleich.

Als Ferrari-Fan gilt meine Loyalität nicht nur den Autos, sondern der Seele dessen, was Enzo Ferrari gebaut hat. Es ist mehr als eine Marke; es ist ein Vermächtnis von Leidenschaft, Geschwindigkeit und italienischer Handwerkskunst. Der Gedanke, dass Ford mit seinen enormen amerikanischen Ressourcen und seiner anderen Unternehmenskultur mit Ferrari fusioniert, fühlt sich wie eine seltsame Paarung an. Dennoch fragt sich ein Teil von mir, was eine solche Partnerschaft für die Rennstrecken der Welt bedeuten könnte.

Als ich an den Toren vorbeigehe, sehe ich drinnen ein hektisches Treiben. Männer in Anzügen, unverkennbar Amerikaner, werden in das

Hauptgebäude eskortiert. Ihre selbstbewussten Schritte und angeregten Diskussionen zeichnen das Bild einer Zukunft voller Möglichkeiten. Könnte dies der Beginn einer neuen Ära für Ferrari sein?

Das örtliche Café ist voll von Spekulationen. Ich belausche Gespräche, in denen jeder versucht, den anderen über den Ausgang der Gespräche zu erraten. "Es dreht sich alles um Le Mans", beharrt ein Schirmherr und bezieht sich auf das legendäre 24-Stunden-Rennen, das Ferrari in den letzten Jahren entgangen ist. "Stell dir Ferrari mit den Muskeln von Ford im Rücken vor", träumt ein anderer laut, und die Augen glänzen vor den Möglichkeiten eines solchen Kraftpakets.

Aber mein Herz sinkt bei dem Gedanken. Ferrari repräsentiert für mich etwas Reines; Es geht um Leidenschaft statt Maschinen, um den Geist des Fahrens über die kalte, harte Ziellinie. Die Vorstellung, dass unser Emblem des springenden Pferdes an die industrielle Macht von Ford angehängt wird, fühlt sich wie ein Kompromiss an, eine Verwässerung des eigentlichen Wesens, das Ferrari einzigartig macht.

Als der Tag zu Ende geht, verlässt die amerikanische Delegation den Saal, ihre Gesichter regungslos, sie verraten nichts. Die Gespräche sind in Geheimhaltung gehüllt, und als die Nacht über Maranello hereinbricht, kann ich nicht anders, als ein Gefühl der Vorahnung zu spüren. Was bedeutet dieses Treffen für Ferrari? Wird die Seele unserer geliebten Marke auf der Jagd nach dem Sieg verkauft?

Ich ziehe mich in mein bescheidenes Zuhause zurück, erfüllt von einer rastlosen Energie. Heute Abend finde ich keinen Trost in den stummen Ferraris-Modellen, die meine Regale säumen, jedes ein Zeugnis eines Sieges, eines Moments in der Geschichte. Stattdessen füllen mich Fragen über die Zukunft, über Identität und über den Preis des Erfolgs.

Während ich diese Gedanken niederschreibe, ist die Ungewissheit mit Händen zu greifen. Doch tief in meinem Inneren vertraue ich auf die Vision von Enzo Ferrari, auf den unbezwingbaren Geist der Scuderia. Was auch immer die Zukunft bringt, Ferrari wird ein Symbol für Exzellenz, Leidenschaft und das unermüdliche Streben nach Perfektion bleiben. Aber heute Abend, ich gestehe, bin ich beunruhigt. Das Grollen des Wandels liegt in der Luft, und ich kann nur hoffen, dass das Herz von Ferrari bei allem, was kommen wird, kräftig

schlagen wird.

Kapitel 2: 22. Mai 1963

Die Sonne, eine feurige Kugel am Himmel, wirft lange, unheilvolle Schatten über die Kopfsteinpflasterstraßen von Maranello und taucht die Stadt in Farben der Vorfreude und Ungewissheit. An diesem Morgen ist die Luft mit einer Spannung aufgeladen, die sich fast greifbar anfühlt, einer Ruhe vor dem Sturm, die verspricht, das Wesen unseres geliebten Ferrari neu zu definieren. Die Nachricht von den gescheiterten Gesprächen zwischen Ferrari und Ford hat sich wie ein Lauffeuer verbreitet und in der ganzen Stadt Emotionen und Debatten ausgelöst.

Im Herzen von Maranello ist das Café, normalerweise eine Oase des Lachens und der unbeschwerten Debatten über Rennen und Autos, heute ein Schlachtfeld der Meinungen und Emotionen. Die Luft ist dick von Diskussionen, jede Stimme ist voller Besorgnis, Stolz oder Trotz. "Enzo Ferrari würde sich niemals beugen, niemals unser Vermächtnis in fremde Hände geben", erklärt ein glühender Loyalist, und seine Stimme durchdringt den Lärm. Diese Behauptung strotzt zwar vor Stolz, enthüllt aber auch eine Schicht der Angst vor der Zukunft, ein Gefühl, das tief mit meinen eigenen widersprüchlichen Gefühlen mitschwingt.

Angetrieben von dem Drang, in diesem entscheidenden Moment näher am Puls von Ferrari zu sein, fühle ich mich von der Fabrik angezogen. Die Tore von Ferrari, die den Gläubigen immer als offene Arme zur Verfügung standen, wirken heute wie die bewachten Mauern einer Festung und symbolisieren die Widerstandsfähigkeit und den Stolz, die Ferrari seit seiner Gründung geprägt haben. Es ist, als ob der Boden von Maranello die Schwere des Augenblicks spürt, die Luft, die von dem Geflüster erfüllt ist, was die Zukunft bringen könnte.

Die Gerüchte, diese Vorboten von Wahrheit und Fiktion, wirbeln um mich herum, während ich gehe. Sie sprechen von Fords Angebot, einem Rettungsanker, der in einem Moment finanzieller Unsicherheit geworfen wurde, der jedoch einen zu hohen Preis verlangte, eine Aufgabe der Kontrolle über Ferraris Rennsportseele. "Wir verkaufen unsere Seele nicht", höre ich die Aussage eines Ingenieurs, dessen Stimme eine Mischung aus Entschlossenheit und Besorgnis ist. Dieses Gefühl, das die Heiligkeit des Rennsporterbes von Ferrari vehement verteidigt, trifft einen Nerv in mir und spiegelt meine eigene Zerrissenheit wider.

Während die Schatten länger werden und der Tag

immer älter wird, werden die Auswirkungen dieses zerbrochenen Abkommens immer wichtiger. Ford, zurückgewiesen und im Stolz verwundet, könnte sich nun von einem potenziellen Verbündeten in einen furchterregenden Gegner verwandeln. Allein der Gedanke jagt mir einen Schauer über den Rücken und weckt eine Urangst davor, wohin diese Rivalität eskalieren könnte. Könnte dies der Funke sein, der auf dem heiligen Boden von Le Mans einen Krieg entfacht, in dem die Leidenschaft und das Erbe von Ferrari gegen die industrielle Macht und den Ehrgeiz Amerikas antreten?

Heute Abend allein, nur mit meinem Tagebuch als Gesellschaft, kämpfe ich mit einem Sturm der Gefühle. Die Einsamkeit verstärkt den Sturm im Inneren, einen Strudel aus Angst, Aufregung und Reflexion. Dieser Moment, dieser Tag fühlt sich wie ein Wendepunkt an, nicht nur für Ferrari, sondern für das Ethos des Motorsports. Die kommenden Jahre versprechen ein Schmelztiegel zu werden, der den Mut unserer Leidenschaft gegen die Effizienz und Entschlossenheit amerikanischer Ambitionen auf die Probe stellt.

Doch in der Stille vor der Morgendämmerung, inmitten des Tumults meiner Gedanken, werde ich an die Widerstandsfähigkeit erinnert, die dem Geist von Ferrari innewohnt. Wie der Phönix, der aus der Asche aufersteht, wird auch Ferrari aus dieser Herausforderung hervorgehen, wiedergeboren und wiederbelebt. Der Weg, der vor uns liegt, ist voller Unsicherheiten, aber der Geist von Ferrari, diese unbezwingbare Kraft, die unzählige Stürme überstanden hat, ist ungebrochen.

Als ich diesen Eintrag schließe, umhüllt mich die Stille der Nacht, ein starker Kontrast zu den Turbulenzen des Tages. Doch in dieser Stille schwingt ein Hauch von Hoffnung mit, eine Erinnerung an die Widerstandsfähigkeit und Leidenschaft, die Ferrari ausmachen. Morgen werde ich in einer Welt erwachen, in der Ford als Rivale dasteht, aber Ferrari unvermindert weiterhin als Leuchtturm der Exzellenz und als Symbol des beständigen menschlichen Geistes glänzen wird. Im Herzen eines jeden Ferrari-Fans brennt ein Feuer, ein Licht, das uns durch die dunkelsten Zeiten führt und uns daran erinnert, dass wir Teil von etwas Größerem sind, ein Vermächtnis von Leidenschaft, Innovation und unerschütterlichem Ehrgeiz.

Kapitel 3: 20.-21. Juni 1964

Der heutige Tag markiert einen entscheidenden Moment in der Geschichte des Motorsports, in dem der geschichtsträchtige Circuit de la Sarthe mehr als nur ein Austragungsort der 24 Stunden von Le Mans wird. Es verwandelt sich in ein Schlachtfeld, auf dem Legenden geschmiedet und Rivalitäten in Flammen aufgehen. Die Luft ist elektrisiert vor Vorfreude, als Ferrari, die Verkörperung italienischer Kunstfertigkeit und Leidenschaft, sich darauf vorbereitet, gegen den amerikanischen Titanen Ford mit seiner Flotte von GT40 anzutreten – eine Manifestation von Rache und industrieller Macht.

Der GT40, benannt nach seiner schlanken Höhe von 40 Zoll, steht für Fords kühnen Versuch, Ferrari zu entthronen. Angetrieben von einem brüllenden V8-Motor ist sein Design ein Zeugnis amerikanischer Ingenieurskunst und betont rohe Kraft und Langlebigkeit. Die GT40 stehen in der Startaufstellung, ihre Motoren brummen ein bedrohliches Versprechen von Geschwindigkeit und Ausdauer, ein starker Kontrast zu den Ferraris, die Eleganz und raffinierte Kraft ausstrahlen. Unsere Fahrzeuge, insbesondere der 275P, sind Meisterwerke der Ingenieurskunst, mit einem V12-

Motor, der eine Melodie der Geschwindigkeit singt, und einer Karosserie, die eine Harmonie aus Aerodynamik und italienischer Handwerkskunst aufweist.

Als die französische Flagge fällt, um den Start zu signalisieren, erwacht die Kakophonie der Motoren zum Leben, eine Symphonie der Kraft, die einem einen Schauer über den Rücken jagt. Das Rennen entfaltet sich mit einem unerbittlichen Tempo, wobei jedes Team die Grenzen von Ausdauer und Strategie ausreizt. Die Ferraris mit ihrem überlegenen Handling und ihrer Balance tanzen um die Kurven der Strecke, ihre Fahrer zeigen eine Mischung aus Mut und Präzision. Im Gegensatz dazu nutzen die GT40 ihre Geschwindigkeit auf der Geraden und donnern wie entfesselte Bestien die Mulsanne-Gerade hinunter.

Die Nacht fällt wie ein Vorhang und verwandelt das Rennen in ein Duell aus Schatten und Licht. Die Dunkelheit verstärkt die Herausforderung und stellt nicht nur die Maschinen, sondern auch den Mut jedes Fahrers auf die Probe. In diesen Stunden offenbart sich die wahre Natur des Rennens – ein Überlebenstest, bei dem jede Vibration und jede Winddrehung Triumph oder Katastrophe bedeuten kann.

Trotz der akribischen Vorbereitung und des unbestreitbaren Tempos von Ford erweist sich Le Mans als unerbittlich. Mechanische Ausfälle reißen die GT40 nach und nach in Anspruch, und jeder Ausfall ist ein Schlag für die Ambitionen von Ford. Die Nachtluft wird vom Geräusch ausfallender Motoren unterbrochen, von aufgeschobenen Träumen, die die brutale Realität hervorheben, dass Le Mans mehr erfordert als nur Geschwindigkeit; Es verlangt nach Perfektion.

Doch als die Morgendämmerung anbricht und die letzten Kapitel dieser epischen Saga eingeläutet werden, ist es ein Ferrari – der 275P, der von dem beeindruckenden Duo Nino Vaccarella und Jean Guichet gefahren wird –, der unversehrt aus der Nacht hervorgeht. Sie navigieren mit einer Mischung aus Aggressivität und Finesse durch die Strecke, ein Beweis für Ferraris anhaltendes Vermächtnis, Kraft und Schönheit in Einklang zu bringen.

Als die karierte Flagge geschwenkt wird, die das Ende der 24-Stunden-Tortur markiert, ist es nicht nur ein Auto, das die Ziellinie überquert. Es ist ein Zeugnis für den Geist von Ferrari, ein Leuchtfeuer der Hoffnung für alle, die an die Kunst des Motorsports glauben. Der Sieg ist süß, ein Moment purer Euphorie, der die Straßen von Maranello mit Freude und Stolz überflutet. Und doch ist inmitten der Feierlichkeiten eine Vorahnung spürbar; Die GT40 haben in ihren Momenten der Brillanz einen Blick in die Zukunft geworfen, einen Schatten der bevorstehenden Schlachten.

Fords Entschlossenheit, gemildert im Feuer der Niederlage, verspricht eine Rückkehr, ein nächstes Kapitel in dieser aufkeimenden Saga. Doch wenn ich über die Ereignisse des Tages nachdenke, dann mit einem Herzen, das von Stolz erfüllt ist, und mit einer Entschlossenheit, die für die Zukunft gestählt ist. Der heutige Sieg von Ferrari ist mehr als nur ein Triumph. es ist eine Erklärung unseres unnachgiebigen Strebens nach Exzellenz, eine Erinnerung daran, dass im Herzen eines jeden Ferrari-Fans eine Flamme brennt, die keine Widrigkeiten löschen kann.

Während die Feierlichkeiten bis in die Nacht hinein andauern, liegt eine stille Zuversicht in der Luft, der Glaube, dass Ferrari sich den Herausforderungen mit der Leidenschaft, Würde und Widerstandsfähigkeit stellen wird, die zu unseren Markenzeichen geworden sind. Denn wir sind mehr als nur ein Team; Wir sind die Hüter eines Vermächtnisses, die Träger eines Traums, der die

Grenzen der Rennstrecken überschreitet und in den Herzen von Millionen Menschen auf der ganzen Welt widerhallt.

Und so schläft Maranello, während ich dieses Kapitel schließe, unter einer Sternendecke, die Stille steht in krassem Kontrast zur Inbrunst des Tages. Aber in dieser Stille liegt ein Versprechen, ein Flüstern von den kommenden Schlachten, von den Träumen, die noch verwirklicht werden müssen. Für Ferrari endet das Rennen nie; Es ist nur der Herzschlag unseres Vermächtnisses, das von der Verheißung von morgen pulsiert.

Kapitel 4: 10. Februar 1965

In Maranello im Februar steckt die Kälte des Winters in den Knochen, ein starker Kontrast zu der Wärme und Inbrunst, die in den Mauern des Ferrari-Hauptquartiers zu finden ist. Trotz des Sieges in Le Mans im vergangenen Jahr gibt es keinen Grund zur Selbstzufriedenheit. Der Triumph über Fords ersten Vorstoß in unser Gebiet war umfassend, aber es war für alle, die zusahen, klar, dass die Schlacht gerade erst begonnen hatte.

Ich habe immer daran geglaubt, dass wahre Leidenschaft von Herausforderungen lebt, und es scheint, dass Fords Einstieg in den Kampf ein Feuer bei Ferrari neu entfacht hat. Der Sieg war zwar süß, aber nicht ohne Lehren. Wir sahen das Potenzial in Fords Ehrgeiz, ihrer rohen Geschwindigkeit und ihrem Engagement, die Hürden des Langstreckenrennsports zu überwinden. Es ist eine Erinnerung daran, dass in der Welt des Motorsports Innovation und Verbesserung unermüdliches Streben sind.

Heute schwirren Gerüchte durch Maranello wie die Winterwinde. Ferrari steht nicht still. Es ist die Rede von Verbesserungen, von neuen Innovationen, die unsere Herangehensweise an Le Mans neu definieren könnten. Ich hörte Diskussionen unter Ingenieuren im örtlichen Café – Gerüchte über eine höhere Leistung, eine verfeinerte Aerodynamik und vielleicht am faszinierendsten über Fortschritte bei der Zuverlässigkeit. Ferrari, so scheint es, bereitet sich darauf vor, nicht nur seine Krone zu verteidigen, sondern auch die Grenzen des Möglichen zu erweitern.

John Surtees, unser Champion, ist oft in tiefgründigen Gesprächen mit Mauro Forghieri zu sehen, dem brillanten Kopf hinter unseren Rennerfolgen. Ihre Partnerschaft, eine Verschmelzung von Können und Genie, verspricht, eine Maschine hervorzubringen, die die Essenz des Rennsportgeistes von Ferrari verkörpert. Und vergessen wir nicht Lorenzo Bandini, dessen jugendliche Energie und furchtloser Fahrstil eine aufregende Dynamik in das Team bringen.

Aber inmitten dieses Zentrums der Aktivität gibt es ein unterschwelliges Gefühl der Dringlichkeit, eine kollektive Erkenntnis, dass Ford stärker zurückkehren wird. Ihre Entschlossenheit war im vergangenen Jahr in Le Mans deutlich zu sehen. Sie lernen, passen sich an. Der amerikanische Riese, der durch seine anfängliche Niederlage verwundet ist, plant zweifellos seinen Wiederaufstieg. Es ist ein

Gedanke, der eine Dosis Realität in unsere Träume von Dominanz injiziert. Die Welt des Rennsports respektiert kein Vermächtnis, das sich nicht weiterentwickelt.

Während ich hier sitze und meine Gedanken niederschreibe, spüre ich eine Verbindung zum Puls von Ferrari, die tiefer geht als bloßes Fandom. Es ist eine gemeinsame Reise, ein kollektives Unterfangen, das sich von den heiligen Hallen von Maranello bis zu den Fans auf der ganzen Welt erstreckt. Wir stehen an der Schwelle zu einem neuen Kapitel in dieser großen Saga des Motorsports, in der jeder Rückschlag eine Lektion und jeder Sieg ein Schritt in Richtung Größe ist.

Der Geist des Wettbewerbs ist es, der uns antreibt und uns dazu antreibt, die Grenzen von Mensch und Maschine neu zu definieren. Während sich Ferrari auf die bevorstehenden Herausforderungen vorbereitet, herrscht ein Gefühl der Vorfreude, der Glaube an die Unvermeidlichkeit des Fortschritts und das Versprechen künftiger Triumphe. Denn im Herzen eines jeden Ferrari-Enthusiasten brennt eine ewige Flamme der Hoffnung, der Widerstandsfähigkeit und der unsterblichen Leidenschaft für die Kunst des Rennsports.

Wenn der Winter taut und dem Frühling Platz macht, sprüht Maranello vor der Energie der Kreation und der Innovation. Und ich, wie so viele andere, warte mit angehaltenem Atem darauf, dass das springende Pferd wieder auf die Strecke geht, um seine Ehre zu verteidigen, die Grenzen herauszufordern, das nächste Kapitel in der geschichtsträchtigen Geschichte von Ferrari zu schreiben.

Kapitel 5: 19.-20. Juni 1965

In Maranello liegt eine spürbare Vorfreude. Die 24 Stunden von Le Mans stehen vor der Tür und mit ihnen die Chance, die Dominanz von Ferrari auf der Weltbühne zu bestätigen. Doch die Erinnerungen an das Rennen im letzten Jahr, bei dem Ford seine GT40 vorstellte, bleiben wie Schatten in der Abenddämmerung – Erinnerungen an eine Herausforderung, die mit der Zeit nur noch härter geworden ist.

Der Einstieg von Ford in Le Mans stieß sowohl auf Skepsis als auch auf Faszination. Ihr erster Ausflug, der von Rücktritten überschattet wurde, war ein klares Zeichen für ihren Ehrgeiz, aber auch für ihre Naivität. Doch wir bei Ferrari wissen es besser, als einen entschlossenen Gegner zu unterschätzen. Die Ressourcen und die Entschlossenheit von Ford sind ein Weckruf an uns alle: Der Kampf um Le Mans wird durch Innovation, Ausdauer und Kampfgeist gewonnen.

In diesem Jahr steht mehr auf dem Spiel. Ford ist mit einer weiterentwickelten Version des GT40 zurückgekehrt, einem Biest von einer Maschine, die genauso beeindruckend aussieht, wie wir es befürchtet hatten. Das Getöse in der Motorsportwelt deutet darauf hin, dass sie erhebliche Fortschritte bei der Überwindung der Zuverlässigkeitsprobleme gemacht haben, die ihr Debüt plagten. Es ist eine Entwicklung, die bei den Ferrari-Anhängern Wellen der Besorgnis ausgelöst hat.

Doch inmitten des sich zusammenbrauenden Sturms gibt es einen unerschütterlichen Glauben in den Herzen der Tifosi. Ferrari ist keine Marke, die vor Herausforderungen zurückschreckt. Es gedeiht davon. Unsere Nennungen für das diesjährige Le Mans, eine Flotte von 250LMs, sind der Höhepunkt unermüdlicher Arbeit, eine Symphonie aus Ingenieurskunst und Rennsport-Stammbaum. Unter der Leitung von Surtees und Bandini herrscht eine leise Zuversicht, dass das springende Pferd sich der amerikanischen Herausforderung stellen wird.

Im Laufe des Rennens beginnt das unerbittliche Tempo von Le Mans seine Geschichte zu erzählen. Die GT40 stellen mit ihrer brachialen Kraft und verbesserten Zuverlässigkeit eine gewaltige Herausforderung dar. Doch Le Mans ist ein Schmelztiegel, der mehr als nur die Geschwindigkeit auf die Probe stellt. Er untersucht die Seele derer, die es wagen, an Wettkämpfen teilzunehmen. Und hier, mitten in der Nacht, inmitten der Kakophonie der Motoren und des Balletts der Boxenstopps, strahlt der wahre Geist von Ferrari am hellsten.

Unsere 250LMs, die mit einer Mischung aus wilder Entschlossenheit und kunstvoller Präzision gefahren werden, navigieren durch die tückischen Bedingungen des Rennens. Jede Runde, jede Kurve ist ein Beweis für den unbändigen Willen unserer Fahrer und das unübertroffene Können unserer Ingenieure. Der Kampf ist intensiv, ein Hochgeschwindigkeits-Schachspiel, bei dem Strategie und Ausdauer genauso wichtig sind wie Geschwindigkeit.

Als die Morgendämmerung über die Strecke hereinbricht, macht sich ein Gefühl vorsichtigen Optimismus breit. Der Ferrari 250LM, pilotiert von Masten Gregory und Jochen Rindt, erweist sich als Leuchtturm der Widerstandsfähigkeit, der die Konkurrenz hinter sich lässt und überdauert. Allen Widrigkeiten zum Trotz und angesichts einer gewaltigen Konkurrenz durch Ford holt sich Ferrari erneut den Sieg in Le Mans.

Dieser Triumph ist nicht nur ein Sieg für Ferrari. Es ist eine erneute Bestätigung unseres Ethos. Im Angesicht der Widrigkeiten, vor dem Hintergrund des technologischen Krieges, hat sich der Geist von Ferrari – geschmiedet in Leidenschaft, Exzellenz und einem unerschütterlichen Engagement für den Rennsport – durchgesetzt.

Heute Abend feiert Maranello nicht nur einen Sieg, sondern das bleibende Vermächtnis von Ferrari in Le Mans. Die Straßen sind von den Klängen der Freude und des Stolzes erfüllt, eine gemeinschaftliche Feier eines Sieges, der sich sowohl süß als auch hart verdient anfühlt. Doch selbst in diesem Moment des Triumphs herrscht die Einsicht, dass der Krieg noch lange nicht vorbei ist. Ford wird sich neu formieren, sie werden zurückkehren, und wir müssen bereit sein, uns ihnen zu stellen, unsere Ehre zu verteidigen und das Vermächtnis des springenden Pferdes fortzusetzen.

Als ich diesen Eintrag schließe, vermischt sich die Euphorie des Sieges mit der Entschlossenheit für die bevorstehenden Herausforderungen. Die Saga von Ferrari vs. Ford ist mehr als nur eine Rivalität; Es ist ein Zeugnis des menschlichen Geistes, eine Chronik von Helden und Maschinen, die die Grenzen des Möglichen verschieben. Und während die Sonne über einem weiteren Kapitel dieses geschichtsträchtigen Wettbewerbs untergeht, ist eines klar: Das Herz von Ferrari schlägt stärker denn

je und ist bereit für alles, was vor uns liegt.

Kapitel 6: 15. September 1965

Die Hitze des Sommers in Maranello hat nachgelassen, aber innerhalb der Mauern von Ferrari brennt das Feuer immer heller. Der Sieg in Le Mans wurde genossen und jeder Moment in die Annalen unseres geschichtsträchtigen Vermächtnisses eingebrannt. Doch wie jeder echte Wettkämpfer weiß, bedeutet es, sich auf seinen Lorbeeren auszuruhen, eine Niederlage heraufzubeschwören. Die Welt des Motorsports steht nicht still, und wir können es auch nicht.

In den Monaten nach unserem Triumph in Le Mans herrschte in der Fabrik reges Treiben. Das Echo unseres Sieges dient als ständige Erinnerung an die bevorstehenden Herausforderungen. Fords Entschlossenheit wurde durch ihre Rückschläge nur gestählt, ihre Ressourcen schienen grenzenlos. Das Grollen von der anderen Seite des Atlantiks spricht von neuen Entwicklungen, von einem erneuten Vorstoß, uns an der Spitze des Langstreckensports zu entthronen.

Inmitten des Wirbelsturms von Wettbewerb und Innovation gibt es jedoch einen Moment der Besinnung. Heute schlenderte ich durch die Hallen des Ferrari-Museums, einem Heiligtum, in dem das

Vermächtnis des springenden Pferdes in Metall und Erinnerung aufbewahrt wird. Jedes Auto erzählt eine Geschichte, ein Kapitel in der Saga von Ferraris Streben nach Exzellenz. Es ist eine Erinnerung an die Reise, auf die wir uns begeben haben, ein Zeugnis für die Leidenschaft, die uns antreibt.

Als ich vor dem 250LM stand, der uns zum Sieg in Le Mans trug, stieg in mir ein Gefühl des Stolzes auf. Aber es war nicht nur der Triumph, der meine Seele bewegte; Es war die Erkenntnis der Reise, der Rückschläge und Herausforderungen, die überwunden worden waren, um sie zu erreichen. In der Stille des Museums, inmitten des Echos vergangener Glanzzeiten, offenbarte sich mir das wahre Wesen von Ferrari. Nicht nur im Gewinnen finden wir unsere Identität, sondern auch im unermüdlichen Streben nach Größe, im Mut, über die Grenzen hinauszugehen.

Die kommenden Monate versprechen ein Schmelztiegel der Innovation und Entschlossenheit zu werden. Die Ingenieure und Designer, inspiriert von unseren Triumphen und unseren Schwierigkeiten, sind tief in der Arbeit daran, das nächste Kapitel in der Rennsportgeschichte von Ferrari zu schreiben. Es ist die Rede von neuen aerodynamischen Designs, von Motoren, die die

Grenzen von Leistung und Effizienz verschieben werden. Jede Schraube, jede Kurve aus Metall ist ein Bekenntnis zu unserem Willen, an der Spitze des Motorsports zu bleiben.

Doch nicht nur die Maschinen werden neu geschmiedet. Der Teamgeist, von den Mechanikern bis zu den Fahrern, wird in den Flammen des Wettbewerbs gedämpft. Das Band, das uns verbindet, dieser einzigartige Antrieb für ein gemeinsames Ziel, war noch nie so stark wie heute. Angesichts gewaltiger Herausforderungen stehen wir zusammen, eine Familie, die durch die Liebe zum Rennsport und das Streben nach Exzellenz verbunden ist.

Während ich diese Gedanken niederschreibe, hat die Nacht ihren Mantel über Maranello gezogen. Die Straßen sind ruhig, aber das Licht in den Designbüros von Ferrari brennt bis spät in die Nacht. Die Silhouette eines neuen Autos, das in Geheimnisse gehüllt ist, deutet auf die Zukunft hin, auf den nächsten Schritt auf unserer Reise.

Vor uns liegt der Weg nach Le Mans 1966, ein Weg voller Herausforderungen und Unbekannter. Doch im Herzen eines jeden, der Ferrari sein Eigen nennt, steckt ein unerschütterlicher Glaube an unsere

Sache. Wir fahren nicht nur für den Sieg, sondern für etwas Größeres – das Vermächtnis von Ferrari, die Verkörperung von Leidenschaft und das Streben nach dem Unmöglichen.

Als ich diesen Eintrag schließe, ist die Luft erfüllt von der Verheißung dessen, was kommen wird. Die Saga von Ferrari vs. Ford ist mehr als eine Rivalität; Es ist ein Zeugnis für den unvergänglichen Geist des Wettkampfs, eine Geschichte menschlichen Strebens, das über die Grenzen der Rennstrecke hinausgeht. Und während wir uns darauf vorbereiten, das nächste Kapitel zu schreiben, ist eines klar: Das Herz von Ferrari, die Seele des springenden Pferdes, wird für immer in Richtung Größe galoppieren, unbeirrt von den Strapazen des vor uns liegenden Weges.

Kapitel 7: 29. April 1966

Die Erneuerung des Frühlings bedeckt Maranello, eine Metapher, die denjenigen nicht entgangen ist, die im Herzen des Allerheiligsten von Ferrari schuften. Die Luft ist dick vor Vorfreude, aufgeladen mit der Elektrizität der Innovation. Seit unserem letzten Triumph in Le Mans hat die Welt des Motorsports zugesehen und gewartet und sich gefragt, was der nächste Akt in diesem hochoktanigen Drama mit sich bringen wird.

In den vergangenen Monaten war der Unterton unserer Bemühungen von ruhiger Zuversicht und unermüdlichem Streben geprägt. In den Werkstätten und Designstudios von Ferrari herrscht reges Treiben, eine Symphonie aus Bildern und Klängen, die die Seele eines jeden wahren Liebhabers der Geschwindigkeit anspricht. Das Auftauchen eines neuen Herausforderers aus unserem Stall ist mehr als ein Gerücht – es ist eine Unvermeidlichkeit. Jeder Tag bringt uns näher an die Enthüllung unserer Antwort auf den Spießrutenlauf von Ford, einer Maschine, die aus Leidenschaft, Präzision und dem unbändigen Willen geboren wurde, unsere Herrschaft über Le Mans aufrechtzuerhalten.

Inmitten des Eifers für Entwicklung und Strategie finde ich jedoch einen Moment der Reflexion. Heute, als ich auf den bekannten Pfaden von Maranello wanderte, hielt ich neben der Strecke an, die das Testgelände für unzählige Legenden war. Das Geräusch eines leistungsstarken Motors zerriss die Luft, eine instinktive Erinnerung an das unnachgiebige Tempo des Fortschritts. Es war unsere neueste Kreation, seine Gestalt schlank und bedrohlich, ein Raubtier, das bereit war, sein Territorium zu verteidigen. Der Anblick erfüllte mich mit einem Gefühl von Stolz und Zielstrebigkeit, einer greifbaren Verbindung zum Vermächtnis des springenden Pferdes.

Aber diese Geschichte ist nicht nur unsere eigene. Auf der anderen Seite des Ozeans verhärtet sich Fords Entschlossenheit, und ihre Bemühungen verdoppeln sich nach der Niederlage im letzten Jahr. Das Echo ihrer Herausforderung hallt durch die Hallen des Motorsports, ein Weckruf an alle, die es wagen, sich zu messen. Sie kehren mit verbesserten Maschinen in den Kampf zurück, um uns an der Spitze des Langstreckensports zu entthronen. Es ist ein Zeugnis für den unnachgiebigen Geist des Wettbewerbs, für den ewigen Kampf zwischen Innovation und Tradition.

In den Cafés und Straßen von Maranello liegt die Luft voller Spekulationen und Vorfreude. Die Gespräche drehen sich um die Strategie, um die Feinheiten der Aerodynamik und die Kunst der Ausdauer. Hier gibt es ein gemeinsames Verständnis, einen gemeinsamen Glauben an die Männer und Frauen, die die Fahne von Ferrari in die Schlacht tragen. Unsere Fahrer, jeder von ihnen Helden, tragen nicht nur unsere Hoffnungen, sondern auch das Gewicht eines jahrzehntelangen Vermächtnisses. Surtees, Bandini und der Rest unserer tapferen Gladiatoren bereiten sich darauf vor, die Arena erneut zu betreten, ihre Fähigkeiten auf Messers Schneide geschliffen.

Wenn die Nacht über Maranello hereinbricht, färben die Lichter der Fabrik den Himmel, ein Leuchtfeuer der Industrie und der Träume. Im Inneren wird unserem Herausforderer der letzte Schliff gegeben, jede Komponente ist ein Beweis für das Können und die Hingabe unseres Teams. Es ist ein Tanz aus Licht und Schatten, aus Feuer und Stahl, der Legenden gebiert und die Träume unzähliger Fans rund um den Globus befeuert.

In diesem Moment der Ruhe vor dem Sturm denken meine Gedanken an Le Mans, an den heiligen Asphalt, der bald Zeugnis von der Geschichte ablegen wird. Die Rivalität mit Ford geht über den bloßen Wettbewerb hinaus; Es ist eine Saga, die die Essenz menschlichen Strebens einfängt, unseres Bestrebens, die Grenzen des Möglichen zu überschreiten.

Während ich diesen Eintrag, das Tagebuch eines Ferrari-Getreuen, schreibe, werde ich daran erinnert, dass wir nicht nur für Ruhm fahren, sondern aus reiner, unverfälschter Liebe zum Antrieb. Der Weg nach Le Mans ist gepflastert mit Herausforderungen, mit Kummer und Triumph gleichermaßen. Aber es ist unser Weg, den wir mit Stolz und Zielstrebigkeit gehen.

Denn im Herzen eines jeden Menschen, der von Geschwindigkeit träumt, der das Erbe des springenden Pferdes verehrt, liegt ein unerschütterlicher Glaube an Ferrari. Wir sind mehr als nur ein Team; Wir sind eine Familie, die durch eine Leidenschaft verbunden ist, die Grenzen überwindet und uns in unserem Streben nach Exzellenz vereint.

Und so schließe ich, während der Beginn einer neuen Schlacht in Le Mans näher rückt, dieses Kapitel mit einem Gefühl der Vorfreude, einem Glauben an die Unvermeidlichkeit unseres

Unterfangens. Denn Ferrari ist nicht nur ein Hersteller von Autos; Es ist ein Symbol des unbezwingbaren menschlichen Geistes, ein Leuchtfeuer der Hoffnung und der Exzellenz im unaufhörlichen Streben nach Sieg.

Kapitel 8: 15. Mai 1966

Während die Tage der legendären Konfrontation in Le Mans näher rücken, liegt in Maranello eine Mischung aus Spannung und Vorfreude in der Luft. Die technische Leistungsfähigkeit von Ferrari wird in vollem Umfang zur Geltung gebracht, ein Beweis für unser Engagement für Exzellenz und das unermüdliche Streben nach Sieg. Heute, während ich durch das Herz von Ferraris Reich schlendere, wird das Gespräch von dem Wunderwerk der Technik dominiert, das wir auf die Welt loslassen wollen.

Unser Konkurrent, der Ferrari 330 P3, stellt den Gipfel von Innovation und Design dar – eine harmonische Mischung aus Leistung, Aerodynamik und Zuverlässigkeit. Sein Herzstück, ein V12-Motor, ist ein Meisterwerk der Ingenieurskunst, das in der Lage ist, atemberaubende Leistung zu liefern, ohne die Anmut und Ausgewogenheit zu opfern, die die Designphilosophie von Ferrari kennzeichnen. Die Ingenieure sprechen von ihm mit einer Ehrfurcht, die dem vorbehalten ist, was mehr Kunst als Maschine ist, und heben das verbesserte Kraftstoffeinspritzsystem und eine bemerkenswerte Leistungssteigerung hervor, die jetzt beeindruckende 420 PS erreicht.

Das Chassis, ein Beweis für die Genialität unseres Designteams, verfügt über eine fortschrittliche Aerodynamik, die mit einer Eleganz durch die Luft schneidet, die über die rohe Kraft darunter hinwegtäuscht. Durch die Integration neuer Materialien wurde das Gewicht reduziert und gleichzeitig die Festigkeit erhöht, eine Balance, die für die in Le Mans geforderte Ausdauer entscheidend ist. Das Cockpit, das sowohl auf Komfort als auch auf Effizienz ausgelegt ist, sorgt dafür, dass unsere Fahrer mit Zuversicht an die Grenzen gehen können.

Im Gegensatz dazu war das Ford-Lager nicht untätig. Ihre Waffe, der GT40 Mk II, ist ein Biest anderer Art. Gerüchte auf der anderen Seite des Atlantiks sprechen von einem Monster, das von einem 7,0-Liter-V8-Motor angetrieben wird, dessen Brüllen eine Absichtserklärung von Ford ist. Mit über 485 PS ist der GT40 Mk II eine brachiale Kraft, ein starker Kontrast zur raffinierten Aggressivität unseres 330 P3.

Fords Fokus auf Zuverlässigkeit wurde verdoppelt, und die Entschlossenheit wurde durch vergangene Misserfolge noch verstärkt. Das Fahrwerk und die Aufhängung des GT40 Mk II wurden umfassend überarbeitet, um den harten Anforderungen des 24-

Stunden-Rennens standzuhalten. Ihre Maschine ist ein Zeugnis amerikanischer Ingenieurskunst – robust, leistungsstark und unnachgiebig.

Doch bei aller Macht lässt sich die Seele des Rennsports, die Essenz von Le Mans, nicht allein in den Pferdestärken einfangen. Sie liegt in der Synergie zwischen Fahrer und Maschine, im kunstvollen Tanz von Mensch und Metall in Geschwindigkeiten, die sich jeder Vorstellungskraft entziehen. Hier, im Schmelztiegel des Wettbewerbs, glänzt Ferraris Vermächtnis am hellsten. Unsere Geschichte, unsere Leidenschaft und unsere Hingabe an die Kunst des Rennsports sind in die Struktur der 330 P3 eingewoben.

Während sich die Teams auf den ultimativen Test vorbereiten, herrscht in Maranello eine Atmosphäre voller Entschlossenheit. Der bevorstehende Kampf in Le Mans ist mehr als ein Rennen. Es ist ein Beweis für den anhaltenden Geist der Innovation und Exzellenz, der Ferrari ausmacht. Unsere Ingenieure, Fahrer und alle, die Teil der Ferrari-Familie sind, teilen einen einzigartigen Fokus – als Sieger hervorzugehen, das Vermächtnis des springenden Pferdes zu ehren und den Wettbewerbsgeist zu feiern, der uns alle antreibt.

Wenn ich heute Abend über die technischen Wunderwerke nachdenke, die bereit sind, in Le Mans zu kämpfen, werde ich an die Schönheit dieses Unterfangens erinnert. Es ist nicht nur das Streben nach dem Sieg, das uns fesselt, sondern auch die Reise selbst – das unermüdliche Streben nach Perfektion, die Verschmelzung von Technologie und Kunst und die unzerbrechliche Verbindung zwischen Mensch und Maschine.

Als Tagebuch eines Ferrari-Enthusiasten zeugen diese Seiten von der Vorfreude auf einen epischen Showdown. Die Saga von Ferrari gegen Ford in Le Mans ist eine Geschichte von Leidenschaft und Ingenieurskunst, eine Geschichte, die über die Grenzen der Rennstrecke hinausgeht und die Herzen aller berührt, die von Geschwindigkeit und Ruhm träumen. Und während wir am Abgrund der Geschichte stehen, bleibt eine Wahrheit klar: Das Herz von Ferrari, angetrieben vom unnachgiebigen Streben nach Exzellenz, wird immer vorwärts rasen, unerschrocken von den Herausforderungen, die auf dem Weg nach Le Mans liegen.

Kapitel 9: 18.-19. Juni 1966

Der Tag ist gekommen. Le Mans ist nicht nur ein Rennen; Es ist eine Pilgerreise für die Gläubigen, ein 24-Stunden-Zeugnis menschlicher und mechanischer Ausdauer. Die Luft ist dick vor Vorfreude, aufgeladen mit der rohen Energie des Wettbewerbs. Als die Morgendämmerung über dem Circuit de la Sarthe hereinbricht, schaut die Welt mit angehaltenem Atem zu, wie sich Titanen darauf vorbereiten, auf diesem heiligen Boden aufeinanderzutreffen.

Die Atmosphäre im Ferrari-Lager ist eine Mischung aus konzentrierter Ruhe und feuriger Entschlossenheit. Unsere Krieger, gekleidet in die Farben des springenden Pferdes, sind ein Bild der Konzentration. Die 330 P3, schnittig und bedrohlich, stehen in der Box bereit, ihre Motoren schnurren wie eingesperrte Bestien, die sich nach Erlösung sehnen. Die Luft ist erfüllt vom Geruch von Treibstoff und dem Unterton der Strategie; Monate der Vorbereitung laufen auf diesen einzigartigen Moment der Wahrheit zu.

Auf dem gesamten Feld sind die Ford GT40 Mk II ein starker Kontrast und verkörpern amerikanische brachiale Gewalt und Entschlossenheit. Ihre

Anwesenheit ist eine physische Manifestation der Herausforderung, vor der wir stehen, eine Erinnerung an den unerbittlichen Marsch des Fortschritts und den unnachgiebigen Wunsch, den Sieg für sich zu beanspruchen.

Als die Flagge fällt, verschwindet die Welt und nur das Rennen bleibt übrig, ein Mikrokosmos, in dem es nur auf Geschwindigkeit, Strategie und Ausdauer ankommt. Die ersten Runden sind ein Hochgeschwindigkeits-Schachspiel, jeder Zug wird berechnet, jeder Stoß gekontert. Unsere 330 P3 tanzen durch die Strecke, ihre Agilität und Geschwindigkeit sind ein Beweis für die Meisterschaft ihres Designs und das Können ihrer Fahrer.

Doch die Ford-Maschinen sind unerbittlich, ihre Kraft eine gewaltige Kraft, die nicht ignoriert werden kann. Der Kampf ist erbittert: Die Positionen ändern sich, die Strategien entwickeln sich weiter und das unerbittliche Tempo von Le Mans fordert seinen Tribut von Mensch und Maschine.

Die Stunden vergehen, ein unaufhaltsamer Fortschritt, der von Triumphen und Herzschmerz geprägt ist. Die 330 P3 sind zwar beeindruckend, aber nicht unbesiegbar. Die zermürbende Natur von Le Mans macht vor niemandem halt, und die Nacht bringt die harte Realität des Langstreckensports mit sich. Mechanische Ausfälle, die Nemesis aller, die es wagen, hier anzutreten, beginnen die Reihen zu lichten. Das Rennen verlangt seinen Tribut, eine Erinnerung an den hauchdünnen Grat zwischen Sieg und Verzweiflung.

Trotz allem machen die Ford GT40 Mk IIs weiter, ihre schiere Leistung und verbesserte Zuverlässigkeit sind eine gewaltige Herausforderung. Als die Morgendämmerung über Le Mans anbricht und die letzten Stunden dieser epischen Konfrontation markiert, hat sich die Landschaft des Rennens verändert. Ford, einst der Außenseiter, führt jetzt, ein Beweis für ihre Entschlossenheit und die gnadenlose Natur dieses Rennens.

Die letzten Stunden sind ein Zeugnis für den Geist des Wettkampfs, ein Schaufenster für den unbeugsamen Willen derer, die nicht nur für den Ruhm, sondern auch aus purer Liebe zum Sport Rennen fahren. Unsere Ferrari-Piloten gehen mit ihren Maschinen ans Limit, aber der Tag gehört Ford. Ihr 1-2-3-Ergebnis ist ein Moment des Triumphs, eine Wende des Schicksals, die ein neues Kapitel in der Saga von Le Mans markiert.

Als die Zielflagge fällt, herrscht eine Atmosphäre mit gemischten Gefühlen. Der Respekt für die Leistung von Ford ist spürbar, eine Anerkennung ihres Engagements und ihrer Anstrengungen. Doch im Ferrari-Lager gibt es kein Gefühl der Niederlage, sondern nur die Entschlossenheit, zu lernen, sich zu verbessern und stärker zurückzukehren.

Heute Abend, wenn sich die Menschenmassen zerstreuen und das Adrenalin nachlässt, bleibt die Essenz von Le Mans bestehen. Es geht nicht nur um die Autos oder die Fahrer, sondern um den Geist der Ausdauer, das Streben nach Exzellenz und die unzerbrechliche Verbindung zwischen Mensch und Maschine. Die Saga von Ferrari gegen Ford in Le Mans wird nicht nur wegen der Sieger in Erinnerung bleiben, sondern auch wegen der Reise, der Herausforderungen und des unbezwingbaren Wettbewerbsgeistes, der uns alle antreibt.

In diesem Kapitel unserer geschichtsträchtigen Rivalität ist Ford als Sieger hervorgegangen, aber die Geschichte ist noch lange nicht zu Ende. Das Herz von Ferrari, unverwüstlich und wild, schlägt weiter, angetrieben von der Leidenschaft für den Rennsport und dem unermüdlichen Streben nach Sieg. Wenn die Sonne in Le Mans untergeht, richten sich unsere Augen auf den Horizont, auf die nächste Herausforderung, das nächste Rennen und das nächste Kapitel in der ewigen Saga von Geschwindigkeit und Ausdauer.

Kapitel 10: 10. Juli 1966

Der Staub hat sich über Le Mans gelegt, das Dröhnen der Motoren wurde durch die leise Reflexion dessen ersetzt, was war und was hätte sein können. Maranello, seit jeher ein Knotenpunkt von Leidenschaft und Innovation, spürt das Gewicht der jüngsten Vergangenheit und das Potenzial der Zukunft. Die Niederlage in Le Mans war ein Katalysator, der eine Selbstreflexion und einen neuen Eifer entfacht hat, unseren Platz an der Spitze des Motorsports zurückzuerobern.

In den Wochen nach unserer Rückkehr war die Atmosphäre innerhalb der Mauern von Ferrari von ruhiger Entschlossenheit geprägt. Die Niederlage gegen Ford war zwar eine bittere Pille, hat aber die Stimmung nicht getrübt. Vielmehr hat es das Team wachgerüttelt. In den Hallen und Werkstätten, die sonst von den Klängen des Fortschritts erfüllt sind, herrscht heute ein gemäßigterer Ton. Es ist nicht die Niederlage, die in der Luft hängt, sondern die Entschlossenheit, wieder aufzustehen, stärker und fokussierter.

Das technische Team war ständig in Bewegung und hat jeden Aspekt des Rennens analysiert, von der Leistung der 330 P3 bis hin zu den Strategien unserer Rivalen. Die Niederlage in Le Mans hat unschätzbare Lektionen geliefert, Erkenntnisse, die akribisch analysiert werden, um den Weg in die Zukunft zu ebnen. Vor allem das Motorenteam war unermüdlich auf der Suche nach mehr Leistung und Effizienz, da es verstanden hat, dass die Balance zwischen Geschwindigkeit und Zuverlässigkeit der Grundstein für den Erfolg im Langstreckenrennen ist.

Die Aerodynamik, seit jeher ein kritischer Faktor in der Alchemie der Geschwindigkeit, steht auf dem Prüfstand. Die Designer und Ingenieure arbeiten eng zusammen und stützen sich auf die gewonnenen Erkenntnisse, um die Form und Funktion unseres nächsten Herausforderers zu verfeinern. Das Ziel ist klar: eine Maschine zu schaffen, die die Essenz von Ferrari verkörpert – Geschwindigkeit, Agilität und Schönheit in der Bewegung.

Der Spirit unter den Fahrern ist derweil ungebrochen. Es gibt einen spürbaren Hunger, einen gemeinsamen Wunsch, nach Le Mans zurückzukehren und Ruhm zurückzugewinnen. Die Kameradschaft innerhalb des Teams war noch nie so stark wie heute, da jedes Mitglied, vom Mechaniker bis zum Fahrer, in einem einzigen Ziel vereint ist. Die Niederlage hat uns nicht definiert; Sie hat uns verfeinert, gestählt im Feuer des Wettbewerbs.

Während ich durch Maranello laufe, sind die Gespräche, die ich belausche, nicht von Niederlagen, sondern von der Zukunft. Es ist die Rede vom nächsten Rennen, der nächsten Saison und den Innovationen, die uns antreiben werden. Die Community, die sie stets unterstützt, teilt diese Meinung und ihr Glaube an Ferrari ist unerschütterlich. In Cafés und auf den Plätzen wird der Name Ferrari mit Stolz ausgesprochen, ein Beweis für die Verbundenheit dieses Teams mit den Menschen, für die es Rennen fährt.

Die Rivalität mit Ford ist in ein neues Kapitel eingetreten, das noch größere Herausforderungen und Chancen auf Triumph verspricht. Die Geschichte von Ferrari gegen Ford in Le Mans hat die Fantasie der Welt beflügelt, eine Saga nicht nur von Maschinen, die miteinander konkurrieren, sondern auch von menschlichem Streben, von Leidenschaft und Ausdauer.

Heute Abend, während ich diesen Eintrag schreibe, sind die Straßen von Maranello in die goldenen Farbtöne des Sonnenuntergangs getaucht. Die Stille des Abends ist eine Leinwand zum Nachdenken, zum Rückblick auf den zurückgelegten Weg und nach vorne auf den Weg, der vor uns liegt. Ferrari steht am Abgrund einer neuen Morgendämmerung, bewaffnet mit den Lehren der Vergangenheit und dem Versprechen der Innovation.

Der Weg nach Le Mans 1967 beginnt hier, im Herzen von Maranello, wo jeder Rückschlag ein Sprungbrett und jeder Triumph ein Meilenstein ist. Die Saga von Ferrari und Ford, die in die Annalen der Motorsportgeschichte eingegangen ist, ist noch lange nicht zu Ende. Es ist eine Geschichte der Widerstandsfähigkeit, des unermüdlichen Strebens nach Exzellenz und des unbezwingbaren Geistes, der das Wesen von Ferrari ausmacht.

Als die Sterne über Maranello aufgehen, liegt ein Gefühl der Vorfreude in der Luft, ein Glaube an die Unvermeidlichkeit unserer Suche nach Erlösung. Das Herz von Ferrari, angetrieben von Leidenschaft und angetrieben von der Jagd nach Sieg, schlägt stärker als je zuvor und ist bereit, das nächste Kapitel in dieser epischen Geschichte über Geschwindigkeit, Ausdauer und das bleibende Vermächtnis des springenden Pferdes zu schreiben.

Kapitel 11: 1. März 1967

Die zaghaften Finger des Frühlings haben begonnen, Maranello wieder zum Leben zu erwecken, und die Stadt erstrahlt vor dem Versprechen von Erneuerung und Wiedergeburt. Im Herzen von Ferrari markiert diese Saison nicht nur den Lauf der Zeit, sondern auch die Entfachung von Ambitionen, den Treibstoff von Träumen, die kurz davor stehen, zu fliegen. Der Schatten der Niederlage in Le Mans im letzten Jahr hat unsere Entschlossenheit nicht verdunkelt, sondern unseren Fokus geschärft, unsere Entschlossenheit mit jedem Tag, der vergeht, heller wird.

In den Werkstätten und Designstudios von Ferrari herrscht reges Treiben, ein Bienenstock voller Innovation und Ingenieurskunst, der sich der Herstellung des Instruments unserer Erlösung widmet. Der 330 P3, unser Pferd im Kampf des Vorjahres, hat sich weiterentwickelt und sich zum nächsten Kapitel des Ferrari-Rennvermächtnisses entwickelt – dem 330 P4. Es ist ein Wunderwerk an Technologie und Design, ein Zeugnis für Ferraris unnachgiebiges Engagement für Spitzenleistungen.

Der 330 P4 mit seinen schlanken Linien und der verbesserten Aerodynamik ist nicht nur eine

Antwort auf unsere Konkurrenz, sondern eine Absichtserklärung. Unter seiner Haube wurde der V12-Motor verfeinert, seine Symphonie ist kraftvoller denn je und verspricht, einen Strudel der Kraft auf den Asphalt von Le Mans zu entfesseln. Das weiter optimierte Kraftstoffeinspritzsystem spricht für unser unermüdliches Streben nach Effizienz und Leistung. Diese Maschine ist nicht nur für den Rennsport gebaut; Es ist darauf ausgelegt, zu erobern.

In der Zwischenzeit hat sich Ford nicht auf seinen Lorbeeren ausgeruht. Das Grollen von der anderen Seite des Atlantiks deutet auf ihre eigenen Vorbereitungen hin und erinnert daran, dass das Schlachtfeld von Le Mans erneut das Testgelände für die Titanen des Motorsports sein wird. Doch in diesem Spiel mit hohen Einsätzen um Geschwindigkeit und Ausdauer bleibt Ferraris Fokus gestochen scharf, unsere Augen auf den Horizont gerichtet, auf den Ruhm, der hinter der nächsten Kurve liegt.

Wenn die Tage länger werden und das Rennen näher rückt, ist die Luft in Maranello elektrisiert vor Vorfreude. Testläufe sind zu einem täglichen Ritual geworden, jede Sitzung eine Gelegenheit, die 330 P4 bis zur Perfektion zu verfeinern. Das Dröhnen seines Motors ist ein Ruf zu den Waffen, ein Soundtrack zu den Träumen aller, die im Namen von Ferrari arbeiten.

Der Geist des Wettbewerbs geht über die Grenzen der Strecke hinaus und ist in das Gefüge unserer Gemeinschaft eingewoben. Maranello atmet Rennen; sein Volk hat Anteil an den Triumphen und Drangsalen seiner geliebten Scuderia. In den Cafés und auf den Plätzen wird viel diskutiert und spekuliert, und der bevorstehende Showdown in Le Mans ist der Mittelpunkt unzähliger Gespräche. In dieser Stadt ist Ferraris Streben nach mehr als nur eine Jagd nach dem Sieg. Es ist eine gemeinsame Reise, ein kollektiver Herzschlag.

Während ich mich hinsetze, um den heutigen Eintrag aufzunehmen, wirft die Dämmerung lange Schatten, eine visuelle Metapher für die Herausforderungen, die vor mir liegen. Doch in diesen Schatten liegt die Verheißung der Morgendämmerung, des Lichts, das die Dunkelheit durchbricht. Die Saga von Ferrari gegen Ford in Le Mans ist eine Chronik von Rivalität und Respekt, ein Tanz der Titanen auf der Weltbühne. Es ist eine Geschichte, die über das Dröhnen der Motoren und den Geruch von Benzin hinausgeht und die Essenz dessen berührt, was es bedeutet, im Wettbewerb zu bestehen und nach Exzellenz zu streben.

Der Weg nach Le Mans ist gepflastert mit den Hoffnungen derer, die es wagen zu träumen, die es wagen, die Grenzen des Möglichen zu erweitern. Für Ferrari ist diese Reise vom Vermächtnis des springenden Pferdes durchdrungen, einem Symbol für Leidenschaft, Innovation und Widerstandsfähigkeit. Während wir uns darauf vorbereiten, das nächste Kapitel dieser epischen Saga zu schreiben, bleibt der Geist von Ferrari unvermindert, angetrieben vom Feuer des Ehrgeizes und dem unzerbrechlichen Willen, unsere Krone zurückzuerobern.

In der Stille der Nacht flüstert Maranello von Legenden, die noch geboren werden müssen, von Geschichten, die noch erzählt werden müssen. Das Herz von Ferrari, unverwüstlich und wild, schlägt weiter, angetrieben von der zeitlosen Jagd nach dem Sieg. Während die Sterne über uns wachen, entfaltet sich ein Gefühl des Schicksals, ein Glaube an den unvermeidlichen Triumph von Geist, Geschwindigkeit und Ausdauer. Die Saga geht weiter und mit ihr der unaufhaltsame Marsch von Ferrari in die Annalen der Geschichte, auf den Zenit des Motorsport-Ruhmes.

Kapitel 12: 10.-11. Juni 1967

Der Tag ist angebrochen, einer dieser seltenen Momente in der Zeit, die vor Vorfreude still zu stehen scheinen. Le Mans steht vor der Tür, ein Schmelztiegel, der das Können unserer neuesten Kreation, des 330 P4, gegen das Beste der Welt auf die Probe stellen wird. Maranello, obwohl meilenweit vom Geschehen entfernt, pulsiert mit dem Herzschlag des Rennens, jede Sekunde wird gedehnt, beladen mit dem Gewicht der Erwartung.

Die Luft rund um den Circuit de la Sarthe ist elektrisierend, aufgeladen mit der Energie der Träume, Ambitionen und der unerschütterlichen Entschlossenheit derjenigen, die mutig genug sind, dem Ruhm am Rande des Möglichen nachzujagen. Die 330 P4, die in ihrem Rosso Corsa glänzen, sind heute mehr als nur Maschinen. Sie sind Träger unserer Hoffnungen, Verkörperungen unserer Leidenschaft und unseres Stolzes.

Ford mit seinen beeindruckenden GT40 Mk II ist nicht nur ein Konkurrent; Sie sind der Maßstab, die Herausforderung, der wir uns stellen müssen, um sie zu meistern und zu übertreffen. Der Sieg im vergangenen Jahr war eine Lektion, eine Erinnerung daran, dass der Thron im Motorsport nie durch vergangene Lorbeeren gesichert wird, sondern durch das unermüdliche Streben nach Exzellenz.

Als das Rennen beginnt, liegt eine spürbare Spannung in der Luft, eine dicke Decke der Vorfreude, die sich über Maranello und Le Mans legt. Die ersten Runden entfalten sich mit einer Präzision, die von unzähligen Stunden Vorbereitung zeugt, einem Tanz aus Geschwindigkeit und Strategie, bei dem jeder Zug kalkuliert und jede Entscheidung entscheidend ist.

Die 330 P4 bewegen sich mit Anmut, ihre Motoren singen eine Hochgeschwindigkeits-Ode an das Genie ihrer Schöpfer. Jede Kurve, jede Gerade ist ein Beweis für die Balance von Kraft und Aerodynamik, die Harmonie von Maschine und Fahrer. Das Team arbeitet als Einheit, Boxenstopps werden mit chirurgischer Präzision ausgeführt, jede Sekunde rettet den Sieg für sich.

Als die Nacht die Strecke einhüllt, beginnt die wahre Bewährungsprobe. Le Mans ist unerbittlich, ein unerbittlicher Marsch gegen die Zeit, die Maschine und sich selbst. Die Dunkelheit ist mehr als nur eine physische Barriere; Es ist eine psychologische, in der Schatten Streiche spielen und die Grenzen der

Ausdauer auf die Probe gestellt werden.

Doch in der Nacht leuchten die 330 P4, ihre Scheinwerfer durchdringen die Dunkelheit und sind Leuchttürme der Widerstandsfähigkeit. Die Stunden vergehen, eine Mischung aus Adrenalin, Anspannung und dem schieren Willen durchzuhalten. Das Team, sowohl an der Box als auch hinter dem Steuer, verschiebt die Grenzen menschlicher und mechanischer Ausdauer.

Die Morgendämmerung bricht mit dem Versprechen einer Lösung an, und die letzten Stunden des Rennens entfalten sich mit einem Drama, das nur Le Mans bieten kann. Der Kampf mit Ford ist so hart wie eh und je, ein Hochgeschwindigkeits-Schachspiel, bei dem jeder Zug entscheidend und jede Sekunde kostbar ist.

Am Ende, als die Zielflagge fällt, gehört das Rennen Ford, aber die Geschichte ist noch lange nicht zu Ende. Die 330 P4 haben zwar nicht gewonnen, aber sie haben sich als würdige Gegner erwiesen, als Verfechter eines Geistes, der sich nicht unterkriegen lässt. Sie sind nicht nur gegen Konkurrenten angetreten, sondern an den Grenzen des Möglichen und haben mit jeder Runde die Grenzen verschoben.

Maranello ist nach den Nachwirkungen eine Mischung aus Stolz und Entschlossenheit. Das Rennen in Le Mans ist zwar ein abgeschlossenes Kapitel, aber auch ein Versprechen für Kapitel, die noch geschrieben werden müssen. Die Reise des 330 P4 von Ferrari ist ein Zeugnis für den unvergänglichen Geist des Wettbewerbs, das unnachgiebige Streben nach Exzellenz, das das Wesen dessen definiert, was wir sind.

Während ich diese Gedanken aufnehme, geht die Sonne über einem neuen Le Mans unter, und das Echo des Rennens liegt in der Luft. Die Saga von Ferrari gegen Ford, eine Geschichte von Rivalität, Respekt und dem unerbittlichen Streben nach Sieg, fesselt und inspiriert nach wie vor. Es ist eine Erzählung, die die Grenzen von Zeit und Raum überwindet und die Herzen aller berührt, die es wagen zu träumen, die es wagen, gegen alle Widrigkeiten anzutreten.

Im Herzen von Maranello brennt der Geist von Ferrari immer heller, angetrieben von den Prüfungen und Triumphen des Rennens. Unsere Augen sind auf den Horizont gerichtet, unser Herz auf die kommenden Herausforderungen gerichtet. Denn in der Welt des Motorsports ist das Rennen nie vorbei; Es ist nur der Anfang der nächsten Runde in der ewigen Saga von Geschwindigkeit, Leidenschaft und dem Streben nach Größe.

Kapitel 13: 15. April 1984

Die Jahre sind vergangen, wie die endlosen Runden eines Rennens, bei dem es keine Zielflagge gibt. Die Zeit, der unerbittliche Marsch, der weder Mensch noch Maschine verschont, hat einen Teppich gewebt, der reich an den Farben des Triumphs, des Verlusts und des unerbittlichen Strebens nach Exzellenz ist. Maranello, das Herz meiner Welt, ist nach wie vor ein Leuchtfeuer der automobilen Leidenschaft, sein Puls ein stetiger Schlag der Innovation und des Vermächtnisses. Doch während ich diesen Eintrag schreibe, ist mein Herz schwer, beladen von einer Sehnsucht, die von den Schatten vergangener Tage und dem Glanz kommender Siege gefärbt ist.

Die Jahre nach unseren Kämpfen in Le Mans waren ein Zeugnis für den unbezwingbaren Geist von Ferrari, eine Saga des unermüdlichen Strebens, nicht nur des Sieges, sondern der Perfektion. Doch inmitten der unzähligen Erfolge hat der *Cavallino Rampante* seit den geschichtsträchtigen Tagen der späten 60er Jahre nicht mehr das oberste Treppchen in Le Mans geziert. Der einst so süße Geschmack des Sieges an der Sarthe bleibt nun wie eine ferne Erinnerung, ein Gespenst des Ruhmes, das in den Hallen von Ferrari und in den Träumen der Tifosi spukt.

Die Welt des Motorsports hat sich weiterentwickelt, die Seiten der Geschichte werden mit den Namen neuer Champions, neuer Legenden umgeblättert. Ford, unser einst furchterregender Widersacher, hat auch seinen Anteil an Triumphen und Drangsalen erlebt, das Rad des Schicksals drehte sich mit der Laune des Schicksals. Doch trotz des fehlenden Sieges in Le Mans ist das Vermächtnis von Ferrari nicht verblasst. Sie ist gewachsen, ein Zeugnis für den unvergänglichen Geist, der die Marke ausmacht. Unsere Triumphe in der Formel 1, unsere Siege auf verschiedenen Kontinenten und in verschiedenen Kategorien haben die Legende des springenden Pferdes um weitere Schichten erweitert, und jeder Erfolg ist ein Stich in das Gewebe unserer geschichtsträchtigen Vergangenheit.

Wenn ich durch Maranello laufe, die Stadt, die die Kulisse für meine Lebensleidenschaft war, sehe ich nicht nur einen Ort, sondern eine lebendige Geschichte, jede Straßenecke, jedes Café, die von Geschichten von Triumph und Herzschmerz widerhallt. Die Menschen hier verbindet eine Bindung zu Ferrari, eine Verbindung, die über die bloße Liebe zu Autos hinausgeht. Es ist eine

Verwandtschaft, die im Feuer des Wettbewerbs geschmiedet wurde, ein kollektives Herz, das mit Inbrunst für das springende Pferd schlägt.

Doch in dieser Bastion automobiler Exzellenz, in diesem Heiligtum der Geschwindigkeit, gibt es eine Leere, eine Sehnsucht nach der Rückkehr zum Ruhm in Le Mans. Es ist ein Gefühl, das die Luft erfüllt, ein stilles Gebet auf den Lippen der Gläubigen, eine Hoffnung, dass der Cavallino eines Tages erneut die Sarthe bezwingen wird, dass Ferrari seine Krone zurückerobert und ein neues Kapitel in den Annalen des Langstreckensports schreibt.

Diese Hoffnung ist nicht unbegründet; Es ist die Essenz von Ferrari. Denn ein Teil dieser Familie zu sein, das Abzeichen des springenden Pferdes zu tragen, bedeutet, an das Unmögliche zu glauben, den Träumen nachzujagen, die andere nicht zu träumen wagen. Das Vermächtnis von Ferrari in Le Mans ist zwar lebendig, aber nicht besiegt. Er ist ein schlafender Riese, ein Versprechen von Schlachten, die noch geschlagen werden müssen, von Siegen, die noch errungen werden müssen.

Heute Abend, da die Sterne über Maranello wachen, finde ich Trost in dem Glauben, dass die Geschichte noch lange nicht zu Ende ist. Das Herz von Ferrari, unverwüstlich und wild, schlägt weiter, angetrieben vom zeitlosen Streben nach Größe. Der Tag wird kommen, an dem das Dröhnen eines Ferrari-Motors wieder durch die Mulsanne-Gerade hallen wird, an dem der Cavallino rampante in Le Mans triumphierend auferstehen wird. Bis dahin warten wir, wir hoffen und wir glauben.

Denn am Ende ist Ferrari mehr als nur ein Auto, mehr als nur ein Team. Es ist ein Symbol für unvergängliche Leidenschaft, ein Leuchtfeuer der Hoffnung bei der Verfolgung von Träumen. Die Saga von Ferrari in Le Mans, eine Geschichte von gesuchtem Ruhm und erwartetem Ruhm, inspiriert weiterhin und erinnert daran, dass das Rennen in der Welt des Motorsports nie vorbei ist. Es ist nur der Anfang der nächsten Runde auf dem Weg zum Horizont.

Kapitel 14: 12. Februar 2022

Das Rad der Zeit dreht sich und bringt die Winde des Wandels mit sich, den Duft der Möglichkeiten, der die Luft mit spürbarer Vorfreude erfüllt. Maranello, seit jeher das Herz der Leidenschaft und Innovation, pulsiert mit einer neuen Kraft, einem Zielbewusstsein, das die Seele entzündet und die Träume aller befeuert, die in der Umarmung des springenden Pferdes Zuflucht finden. Die Jahre sind vergangen, jede Saison ein Zeugnis für den unsterblichen Geist von Ferrari, unsere Siege in allen Bereichen des Motorsports, die ein reiches Geflecht aus Vermächtnis und Triumphen weben.

Doch bei all dem Ruhm, bei all den Lorbeeren, die unsere geschichtsträchtige Vergangenheit schmücken, bleibt ein unvollendetes Kapitel, ein unerfüllter Traum, der an den Herzen jedes Tifosi zerrt, jeder Seele, die den Farben von Ferrari geschworen hat. Le Mans, der heilige Boden des Langstreckensports, war ein Schauplatz von Träumen und Herzschmerz, ein Schmelztiegel, in dem Legenden geboren und die Grenzen von Mensch und Maschine bis zum Zerreißen getestet werden.

Wenn ich durch die Straßen von Maranello

schlendere, ist das Summen unverkennbar, ein Strom der Aufregung, der wie ein stromführender Draht durch die Stadt fließt. Das Geflüster der letzten Monate ist einer Ankündigung gewichen, die die Welt des Motorsports in Aufruhr versetzt hat: Ferrari kehrt nach Le Mans zurück, nicht nur, um an den Start zu gehen, sondern um die Krone zurückzuerobern, die uns jahrzehntelang verwehrt geblieben ist. Die Nachricht ist ein Leuchtfeuer, ein Schlachtruf, der die Gläubigen in einem Chor der Vorfreude und Hoffnung vereint hat.

Die Vorbereitungen für dieses monumentale Unterfangen sind anders als alles, was man in der jüngeren Geschichte gesehen hat. In den Hallen von Ferrari herrscht reges Treiben, in der Luft duftet es nach Innovation und dem unermüdlichen Streben nach Exzellenz. Unsere Ingenieure, Designer und Visionäre wurden mit einer Mission beauftragt, die ebenso beängstigend wie aufregend ist: eine Maschine zu bauen, die die Essenz von Ferrari verkörpert, ein Auto, das in der Lage ist, die 24 Stunden von Le Mans zu erobern.

Der neue, in Geheimnisse gehüllte Herausforderer ist das Ergebnis jahrelanger Forschung, von Lektionen, die auf Rennstrecken auf der ganzen Welt gelernt wurden. Sein Design ist zwar ein streng gehütetes Geheimnis, verspricht aber eine Revolution zu werden, eine harmonische Mischung aus Spitzentechnologie, aerodynamischer Innovation und dem unbezwingbaren Geist des springenden Pferdes. Der Motor, ein Meisterwerk der Ingenieurskunst, soll eine Symphonie aus Kraft und Effizienz sein, ein Herz, das vom Feuer unzähliger Siege und dem Hunger nach mehr schlägt.

Wenn das Team zusammenkommt, entsteht ein Gefühl der Einheit, ein gemeinsames Ziel, das über den Einzelnen hinausgeht. Die Fahrer, die aufgrund ihres Könnens, ihres Mutes und ihrer Hingabe ausgewählt wurden, sind mehr als nur Sportler; Sie sind die Bannerträger unseres Vermächtnisses, die Avatare unserer Träume. Ihre Bindung an die Maschine, an das Team und untereinander ist die Alchemie, die rohe Geschwindigkeit in Sieg verwandelt, die die Hoffnungen von Millionen in die Realität umsetzt.

Der Weg nach Le Mans 2023 ist gepflastert mit Herausforderungen, mit Prüfungen, die unsere Entschlossenheit, unseren Einfallsreichtum und unseren Geist auf die Probe stellen werden. Doch im Angesicht der Widrigkeiten schlägt das Herz von Ferrari stärker, angetrieben vom Erbe der

Vergangenheit und dem Versprechen der Zukunft. Maranello, die Wiege unserer Träume, steht bereit, die Menschen vereint in ihrer Unterstützung, ihre Leidenschaft ein Leuchtturm, der den Weg in die Zukunft erhellt.

Heute Abend, während ich diesen Eintrag schreibe, scheinen die Sterne über Maranello heller zu leuchten, ihr Licht ist ein Spiegelbild der Hoffnungen und Träume, die unsere Reise zurück nach Le Mans befeuern. Die Luft ist aufgeladen von Vorfreude, von dem Glauben, dass die Saga von Ferrari und Le Mans, eine Geschichte von gesuchtem Ruhm und verfolgten Träumen, an der Schwelle zu einem neuen Kapitel steht, einem Kapitel, das verspricht, in die Annalen der Geschichte einzugehen als der Moment, in dem das springende Pferd seine Krone zurückeroberte.

Der Weg, der vor uns liegt, ist voller Unsicherheiten, aber der Geist von Ferrari, unverwüstlich und unerschütterlich, marschiert weiter, geleitet vom Licht unserer Vergangenheit und dem Versprechen unserer Zukunft. Denn im Herzen eines jeden Menschen, der von Geschwindigkeit träumt, der den Rosso Corsa bluten lässt, liegt ein unerschütterlicher Glaube an das Schicksal des springenden Pferdes. Die Reise nach Le Mans 2023 ist mehr als nur ein Rennen; Es ist eine Pilgerreise, eine Suche nach Erlösung und die Erfüllung eines Traums, der schon zu lange in unseren Herzen brennt.

Als die Morgendämmerung über Maranello anbricht, erwacht die Stadt zu einem neuen Tag, einen Tag, der unserer Rückkehr nach Le Mans näher rückt. Der Weg, der vor ihm liegt, ist lang, aber der Marsch von Ferrari zum Ruhm ist unaufhaltsam, angetrieben von der Leidenschaft, den Träumen und dem unzerbrechlichen Geist aller, die diesen heiligen Ort ihr Zuhause nennen.

Kapitel 15: 18. Juni 2023

Der Tag der Abrechnung ist gekommen, ein Tag, der in die Annalen der Geschichte eingehen wird, nicht nur als Moment, sondern als Zeugnis für den unbezwingbaren Geist von Ferrari. Maranello erwacht zu einer verheißungsvollen Morgendämmerung, die Luft voller Vorfreude, als ob die Erde selbst die Größe dessen spürt, was heute kommt. Die 24 Stunden von Le Mans, eine Etappe, auf der Legenden geboren und Träume entweder verwirklicht oder auf dem gnadenlosen Altar des Langstreckensports zerschmettert werden, locken.

Der Weg bis zum heutigen Tag war ein Weg des unermüdlichen Strebens, von unzähligen Stunden, die auf dem Altar der Geschwindigkeit und Innovation geopfert wurden. Das Team, eine Mischung aus erfahrenen Veteranen und hungrigen jungen Talenten, ist mehr als nur eine Ansammlung von Einzelpersonen. Sie sind eine einzigartige Einheit, ein Herz, das im Einklang mit dem Dröhnen der Motoren schlägt, die unsere Träume antreiben.

Zu Beginn des Rennens nimmt der neue Herausforderer von Ferrari, eine Maschine, die die Essenz unseres Vermächtnisses verkörpert, ihren

Platz im Pantheon der Konkurrenten ein. Es ist nicht nur ein Auto, sondern eine Erklärung, eine physische Manifestation unserer Entschlossenheit, unseren rechtmäßigen Platz ganz oben auf dem Podium in Le Mans zurückzuerobern. Die ersten Stunden des Rennens entfalten sich mit einer Präzision, die für die akribische Vorbereitung spricht, jede Runde ein Pinselstrich in einem Meisterwerk aus Strategie und Geschwindigkeit.

Die Strecke, ein gnadenloser Spießrutenlauf, der den Mut der besten Maschinen und Fahrer der Welt auf die Probe gestellt hat, wird zum Schlachtfeld, jede Kurve ein Test, jede Gerade eine Herausforderung. Das Ferrari-Team, das den Preis im Blick hat, navigiert durch die Komplexität des Rennens mit einem Fokus, der an das Transzendente grenzt. Boxenstopps werden mit ballettartiger Präzision ausgeführt, jeder Fahrerwechsel ein nahtloser Übergang, jede Entscheidung einen Schritt näher an unserem Ziel.

Als die Nacht über Le Mans hereinbricht, tritt das Rennen in seine zermürbendste Phase ein. In diesen Stunden der Dunkelheit beginnt die wahre Belastungsprobe, in der die Grenze zwischen Triumph und Tragödie hauchdünn ist. Doch selbst wenn sich die Schatten vertiefen, schwankt die

Entschlossenheit des Ferrari-Teams nie. Die Fahrer, ihre Sinne geschärft, ihr Geist unbezwingbar, kämpfen durch die Nacht, ihre Autos sind ein Leuchtfeuer der Widerstandsfähigkeit inmitten des Meeres der Konkurrenten.

Die Morgendämmerung bringt ein neues Gefühl der Bestimmung mit sich, das Licht am Ende des Tunnels für alle, die die Prüfungen der Nacht durchgemacht haben. Das Ferrari-Team, das nun in Schlagdistanz zum Sieg ist, hat das Rennen immer stärker im Griff und konzentriert sich laserscharf. Die letzten Stunden werden zu einem Crescendo des Willens, einer Symphonie aus Motorengebrüll und Reifenquietschen, die die Luft mit der Elektrizität des bevorstehenden Triumphs erfüllt.

Und dann kommt der Moment der Wahrheit. Die Zielflagge fällt und läutet das Ende des Rennens und den Beginn eines neuen Kapitels in der Geschichte von Ferrari in Le Mans ein. Der neue Herausforderer, eine Maschine, die im Feuer der Entschlossenheit und Innovation geschmiedet wurde, überquert die Ziellinie und holt sich die Krone zurück, die uns so lange entgangen ist. Der Sieg ist nicht nur ein Sieg; Es ist eine Erklärung, eine erneute Bestätigung des unerschütterlichen Geistes und des unnachgiebigen Strebens nach Exzellenz.

Maranello bricht in Feierlichkeiten aus, die Straßen füllen sich mit den Freudenschreien der Gläubigen, deren Jahre des Wartens, des Hoffens, des Träumens endlich verwirklicht wurden. Das Team, erschöpft und doch jubelnd, umarmt sich, und ihre Bindung wird durch die Prüfungen, die sie überwunden haben, und den Ruhm, den sie gemeinsam erreicht haben, gestärkt.

Während ich diese Gedanken niederschreibe, ist mir die Bedeutung dieses Sieges nicht entgangen. Es ist mehr als nur ein Triumph in Le Mans. Es ist ein Leuchtfeuer der Hoffnung, eine Erinnerung daran, dass kein Traum zu fern und keine Herausforderung zu entmutigend ist. Die Saga von Ferrari und Le Mans, eine Geschichte von Leidenschaft, Ausdauer und unsterblichem Geist, inspiriert nach wie vor und ist ein Zeugnis für den Glauben, dass mit Mut, Entschlossenheit und dem Herzen eines Löwen selbst die schwer fassbaren Träume verwirklicht werden können.

Heute Abend, wenn sich Maranello im Glanz des Sieges sonnt, erstrahlt das Vermächtnis von Ferrari heller denn je, ein Leuchtturm für alle, die es wagen zu träumen, die es wagen, Rennen zu fahren, die es wagen zu gewinnen. Der Weg nach Le Mans 2023 wird nicht nur wegen des errungenen Sieges in

Erinnerung bleiben, sondern auch wegen der Reise, die uns hierher gebracht hat, eine Reise der Hoffnung, des Kampfes und der triumphalen Rückkehr.

Kapitel 16: 19. Juni 2023

Der Anbruch eines neuen Tages hat sich noch nie so tiefgreifend angefühlt wie in diesem Moment, die Sonnenstrahlen werfen lange Schatten auf Maranello, jeder Strahl erinnert an die Reise, die uns zu diesem Gipfel gebracht hat. Als alter Mann sitze ich in der Stille des Morgens, die Euphorie des gestrigen Triumphs in Le Mans hallt noch in meinem Herzen wider, eine Siegesmelodie, die in der Seele eines jeden Ferrari-Fans widerhallt.

Die Seiten dieses Tagebuchs, ein Zeugnis der anhaltenden Saga von Ferrari, sind gefüllt mit Geschichten von Triumph und Herzschmerz, von Träumen, die mit unerbittlicher Entschlossenheit verfolgt werden. Doch der gestrige Sieg, ein Höhepunkt jahrelanger Sehnsucht, aufgeschobener Hoffnung, steht aus ihm heraus, ein Leuchtturm, der die Essenz dessen beleuchtet, was es bedeutet, Teil dieser außergewöhnlichen Familie zu sein.

Wenn ich über die Jahre nachdenke, über die unzähligen Emotionen, die sich durch das Gewebe meines Lebens gewoben haben, wird mir klar, dass dieser Sieg mehr ist als nur ein Beweis für die Leistungsfähigkeit unserer Maschinen oder das Können unserer Fahrer. Es ist ein Sieg des menschlichen Geistes, eine Feier des unerschütterlichen Glaubens an die Widrigkeiten, an die Träume, die uns über den Bereich des Möglichen hinausführen.

An die Fans, die Tifosi, die Ferrari über die Saisons hinweg zur Seite gestanden haben, deren Glaube nie ins Wanken geriet, selbst wenn der Weg uneinholbar schien: Dieser Sieg ist sowohl ihr Sieg als auch der des Teams. Es ist ein gemeinsamer Triumph, eine kollektive Freude, die die Grenzen von Geografie und Sprache überwindet und uns in einem einzigartigen Moment unvergleichlicher Begeisterung vereint.

Für die Menschen in Maranello, die Hüter des Ferrari-Erbes, ist dieser Sieg eine erneute Bestätigung der Werte, die uns seit Generationen ausmachen – Leidenschaft, Exzellenz und ein unbändiger Wille zur Führung. Die Straßen unserer Stadt, die normalerweise ruhig sind, brachen in Feierlichkeiten aus, ein Meer aus Rot, das von den Tränen und dem Jubel derer floss, die Ferrari gelebt und geatmet haben.

Und für mich, der jetzt ein alter Mann ist, der Ebbe und Flut des Schicksals miterlebt hat, ist dieser Sieg eine schmerzliche Erinnerung an die

Vergänglichkeit der Zeit und das ewige Streben nach Größe, das den menschlichen Zustand definiert. Es ist ein Moment, den ich in Ehren halten werde, eine Erinnerung, die noch lange in meinem Herzen bleiben wird, nachdem der Jubel verklungen ist und die Menschenmassen sich zerstreut haben.

Wenn die Sonne höher steigt und ihr Licht auf die Trophäen und Auszeichnungen wirft, die die Hallen von Ferrari säumen, werde ich daran erinnert, dass das wahre Vermächtnis von Ferrari nicht nur in den Siegen zu finden ist, die wir feiern, sondern auch in der Reise, die wir unternehmen, den Herausforderungen, die wir meistern, und den Träumen, die wir zu träumen wagen.

Heute, da sich Maranello im Nachglanz unseres Triumphs sonnt, schaue ich nicht nur in die Vergangenheit, sondern auch in die Zukunft, auf die jungen Fans, für die dieser Sieg der Funke einer lebenslangen Leidenschaft ist, auf die nächste Generation von Fahrern, Ingenieuren und Träumern, die die Fackel weitertragen werden.

Letzten Endes ist die Saga von Ferrari in Le Mans, die durch dieses jüngste Kapitel des Sieges bereichert wird, ein Zeugnis für die zeitlose

Faszination des Rennsports, für das Band, das uns alle im Streben nach Exzellenz verbindet. Während ich dieses Tagebuch schließe, dessen Seiten mit den Erinnerungen eines Lebens gefüllt sind, bin ich voller Dankbarkeit, Teil dieser außergewöhnlichen Reise gewesen zu sein, einer Reise, die weiterhin inspiriert, herausfordert und das Wesen von Ferrari definiert.

Denn im Herzen eines jeden Menschen, der jemals das springende Pferd angefeuert hat, steckt das Wissen, dass Ferrari mehr ist als nur ein Team; Es ist ein Symbol für anhaltende Leidenschaft, ein Leuchtfeuer der Hoffnung bei der Verfolgung von Träumen. Und wenn die Sonne über diesem Kapitel unserer Geschichte untergeht, richten wir unseren Blick auf den Horizont, bereit für die nächste Herausforderung, das nächste Rennen und den nächsten Sieg. Denn der Geist von Ferrari, unvermindert und wild, rast weiter, angetrieben von den Träumen derer, die es wagen, an das Unmögliche zu glauben.

Epilog

Am Ende des letzten Kapitels dieses Tagebuchs befinden wir uns am Ende einer bemerkenswerten Reise – einer Reise durch die Triumphe und Wirrungen, die Siege und Niederlagen, die die epische Rivalität zwischen Ferrari und Ford bei den 24 Stunden von Le Mans definiert haben.

In den Jahren seit dem schicksalhaften Tag, an dem Ford zum ersten Mal das heilige Gelände von Le Mans betrat, hat sich die Landschaft des Motorsports grundlegend verändert. Neue Herausforderer sind aufgetaucht, neue Technologien haben den Sport revolutioniert, aber der Wettbewerbsgeist, die Leidenschaft für den Rennsport, ist so leidenschaftlich wie eh und je.

Für Ferrari lebt das Vermächtnis dieser epischen Schlachten in Le Mans weiter – ein Zeugnis für den unbezwingbaren Geist des springenden Pferdes, für die unerschütterliche Hingabe der Männer und Frauen, die Ferrari nicht nur zu einem Hersteller von Autos, sondern zu einem Symbol für Exzellenz und Innovation gemacht haben.

Aber wenn wir über die Vergangenheit nachdenken, müssen wir auch in die Zukunft blicken, denn die Saga von Ferrari gegen Ford in Le Mans ist nicht nur ein Kapitel in der Geschichte, sondern eine fortlaufende Geschichte, in der neue Kapitel darauf warten, geschrieben zu werden. Der Geist des Wettbewerbs, das Streben nach Sieg, wird uns immer vorwärts treiben und uns dazu bringen, neue Höhen zu erreichen, das scheinbar Unmögliche zu erreichen.

Wenn wir die Seiten dieses Tagebuchs schließen, wollen wir uns nicht nur an die Schlachten erinnern, die wir geschlagen und gewonnen haben, sondern auch an die Lektionen, die wir gelernt haben, an die Freundschaften, die geknüpft wurden, und an die wahr gewordenen Träume. Denn in der Welt des Motorsports, wie im Leben, geht es nicht nur um das Ziel, sondern auch um den Weg – die Momente des Triumphs, die Momente der Widrigkeiten, die definieren, wer wir sind und was wir werden wollen.

Und so wollen wir, wenn wir uns von der Saga von Ferrari gegen Ford in Le Mans verabschieden, den Geist des Wettbewerbs, die Leidenschaft für Exzellenz und den Glauben mitnehmen, dass mit Entschlossenheit, Mut und ein bisschen Glück alles möglich ist.

Für Ferrari ist der vor ihm liegende Weg voller

Herausforderungen, mit Hindernissen, die es zu überwinden gilt, und mit Träumen, die es zu verfolgen gilt. Aber solange es Fans gibt, die daran glauben, die von der Seitenlinie aus jubeln, die das Feuer der Leidenschaft schüren, das in uns brennt, wird Ferrari weiterhin Rennen fahren, innovativ sein und inspirieren.

Deshalb, lieber Leser, lassen Sie uns zum Abschluss dieses Kapitels in der Geschichte des Motorsports mit Hoffnung, mit Vorfreude und mit dem Wissen, dass das Beste noch vor uns liegt, zum Horizont blicken. Denn das Vermächtnis von Ferrari in Le Mans ist nicht nur eine Erinnerung, sondern ein Versprechen – ein Versprechen von Größe, von Ruhm, vom beständigen Streben nach Perfektion.

Wenn die Sonne an einem anderen Tag untergeht, sollten wir uns daran erinnern, dass der Geist von Ferrari immer hell leuchten und den Weg für Generationen von Fans erhellen wird, die noch kommen werden.

Über den Autor

Etienne Psaila, ein versierter Autor mit über zwei Jahrzehnten Erfahrung, beherrscht die Kunst, Wörter über verschiedene Genres hinweg zu weben. Sein Weg in die literarische Welt ist geprägt von einer Vielzahl von Publikationen, die nicht nur seine Vielseitigkeit, sondern auch sein tiefes Verständnis für verschiedene Themenlandschaften unter Beweis stellen. Es ist jedoch der Bereich der Automobilliteratur, in dem Etienne seine Leidenschaften wirklich verbindet und seine Begeisterung für Autos nahtlos mit seinen angeborenen Fähigkeiten als Geschichtenerzähler verbindet.

Etienne hat sich auf Automobil- und Motorradbücher spezialisiert und erweckt die Welt der Automobile durch seine eloquente Prosa und eine Reihe atemberaubender, hochwertiger Farbfotografien zum Leben. Seine Werke sind eine Hommage an die Branche, indem sie ihre Entwicklung, den technologischen Fortschritt und die schiere Schönheit von Fahrzeugen auf eine Weise einfangen, die sowohl informativ als auch visuell fesselnd ist.

Als stolzer Alumnus der Universität von Malta bildet

Etiennes akademischer Hintergrund eine solide Grundlage für seine akribische Recherche und sachliche Genauigkeit. Seine Ausbildung hat nicht nur sein Schreiben bereichert, sondern auch seine Karriere als engagierter Lehrer vorangetrieben. Sowohl im Unterricht als auch beim Schreiben ist Etienne bestrebt, zu inspirieren, zu informieren und die Leidenschaft für das Lernen zu entfachen.

Als Lehrer nutzt Etienne seine Erfahrung im Schreiben, um sich zu engagieren und zu bilden, und bringt seinen Schülern das gleiche Maß an Engagement und Exzellenz entgegen wie seinen Lesern. Seine Doppelrolle als Pädagoge und Autor versetzt ihn in eine einzigartige Position, um komplexe Konzepte mit Klarheit und Leichtigkeit zu verstehen und zu vermitteln, sei es im Klassenzimmer oder durch die Seiten seiner Bücher.

Mit seinen literarischen Werken hinterlässt Etienne Psaila weiterhin einen unauslöschlichen Stempel in der Welt der Automobilliteratur und fesselt Autoliebhaber und Leser gleichermaßen mit seinen aufschlussreichen Perspektiven und fesselnden Erzählungen.
Er ist persönlich unter etipsaila@gmail.com erreichbar